HOBBY (

CALENDARIOS DE ADVIENTO

Yvonne Thalheim y Harald Nadolny

ediciones **ceac** Perú, 164 - 08020 Barcelona - España

ÍNDICE

MATERIAL Y HERRAMIENTAS

En casi todos los calendarios descritos en este libro se utiliza cartón, fieltro o madera contrachapada como material básico. El cartón se vende en diferentes grosores en comercios especializados. El fieltro puede encontrarse en trozos ya cortados de 20 × 30 centímetros y 60 × 90 centímetros, así como en piezas de 45 y 60 centímetros de ancho. Los tableros de madera contrachapada o de virutas se compran en tiendas de bricolaje, donde los cortan también a las medidas deseadas. Para los motivos de adorno, por ejemplo, estrellas adhesivas, cañas y anillas de latón, se recomienda acudir a una tienda de manualidades. Para guardar los regalos resultan muy útiles las cajas de cerillas, que pueden numerarse con números adhesivos o transferibles. Estos últimos se colocan sobre la superficie que se desea rotular y se frotan con el mango de una cuchara o con un bolígrafo. Los adhesivos se desprenden del papel

Con fieltro, entretela adhesiva, papel de regalo, números transferibles y diverso material decorativo, como estrellas, pintura dorada y lazos, se pueden confeccionar calendarios de Adviento muy originales.

protector y se pegan sobre el material de que se trate. Para las aplicaciones se necesita entretela adhesiva, que se aplica con la plancha y permite unir dos trozos de tela sin necesidad de coserlos.

Los calendarios de Adviento de tela resultan muy decorativos si se combinan con otros materiales, por ejemplo, piel o algodón, para simular barbas y copos de nieve, o botones negros semiesféricos a modo de ojos.

Para pegar los elementos de papel o cartón se recomienda utilizar un pegamento universal de calidad, mientras que para las piezas de madera se necesita una cola especial para este material.

Para trabajar la madera se precisa también una sierra de marquetería o de punta, abrazaderas, papel de lija fino y pinceles de diferentes grosores. Para conseguir cortes rectos sobre papel o cartón se recomienda utilizar una cuchilla especial para papel y una regla estable. Asimismo es conveniente disponer de varias tijeras de distintos tamaños.

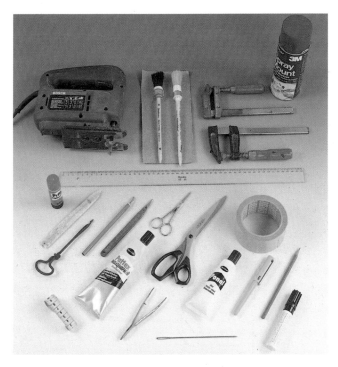

Para los calendarios de madera se necesita una sierra de marquetería o de punta, papel de lija, cola para madera y abrazaderas, y para los de papel, tijeras, cuchilla cortapapel, lápiz y regla.

5

TÉCNICAS

APLICAR

En primer lugar forre con entretela adhesiva, aplicándola con la plancha, el revés del trozo de tela o de fieltro que desee aplicar. Compruebe que la cara de la entretela con el papel protector queda hacia arriba. Traslade a la entretela el motivo elegido, colocándolo invertido, y recórtelo sin margen de costura. Despegue el papel protector de la entretela y aplique el motivo con la plancha. La cara con la tela o el fieltro debe estar ahora hacia arriba. Coser todo el borde del motivo con puntadas en zigzag.

COLOREAR

Busque un dibujo en blanco y negro con muchas superficies blancas grandes del que puedan obtenerse copias de calidad. Amplíe el dibujo a las medidas deseadas con una fotocopiadora. Humedézcalo uniformemente con pegamento en aerosol y péguelo sobre un pliego de cartulina procurando que quede bien liso. A continuación, decórelo a su gusto con lápices de colores o acuarelas; para ello, nada mejor que dejarse llevar por la fantasía. Los trazos negros del dibujo no deben mancharse o cubrirse con pintura de color.

COSER

Los calendarios de Adviento de tela que presentamos en este libro pueden coserse a mano o a máquina. Si utiliza fieltro como material de base, es suficiente con hacer un dobladillo a pespunte todo alrededor a modo de remate. Si desea colgar el calendario de un palo, doble el borde superior 8 o 10 centímetros y cóselo normalmente. Las aplicaciones se rematan con puntadas en zigzag de unos 3 milímetros de ancho.

SERRAR

Los motivos de madera contrachapada o de virutas se recortan muy fácilmente con una sierra de punta. Utilice para ello una hoja fina y seleccione una velocidad intermedia. Para las formas interiores, taladre primero orificios de preparación con un taladro de 8 mm. Si en la confección del calendario participan niños pequeños, se recomienda sustituir la sierra de punta por otra de marquetería. Una vez serrado el motivo, pula los bordes con papel de lija.

Para unir dos partes de madera debe utilizarse una cola de calidad (por ejemplo, Ponal express). Aplicar una capa delgada de adhesivo a una de las caras y unir ambas partes. La cola fragua mejor bajo presión, por lo que, a ser posible, la pieza debe dejarse secar sujetándola con abrazaderas. Según el adhesivo utilizado, habrá que esperar entre 5 y 20 minutos antes de continuar con la confección del calendario.

PEGAMENTO

Colorear.

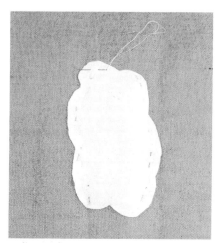

Aplicar.

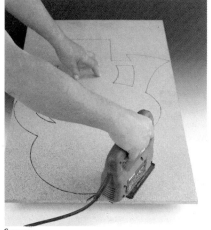

Serrar.

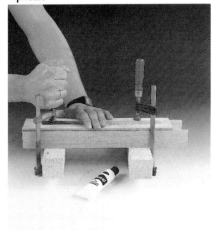

Encolar.

CALENDARIO NOSTÁLGICO

MATERIAL

Un modelo del motivo, cartulina, cajas de cerillas, lápices de colores o acuarelas, números transferibles, pegamento en aerosol, cuchilla cortapapel, regla, lápiz, pintura dorada en aerosol, pegamento transparente, pegamento universal, colgador.

INSTRUCCIONES

Buscar en un libro o en una revista un dibujo en blanco y negro con un motivo navideño y ampliarlo a un tamaño aproximado de 30 × 42 centímetros. Humedecer la copia con pegamento en aerosol y pegarla sobre una cartulina, procurando que quede perfectamente lisa. Recortar los bordes y colorear el dibujo a lápiz o con acuarelas. Repartir 24 cajas de cerillas (compartimento interior) por el reverso del dibujo y marcar a lápiz el emplazamiento de las ventanas. Cortarlas con una cuchilla cortapapel. Repasar los «goznes» con la parte roma de un cuchillo para abrirlas con más facilidad. Transferir los números, pintar con purpurina dorada las cajas de cerillas, colocar en su interior pequeñas sorpresas y pegarlas, por el revés, en los lugares previstos con pegamento transparente. Forrar el calendario con cartulina y colocar un colgador.

Para guardar las pequeñas sorpresas se utilizan los compartimentos interiores de las cajas de cerillas. primero se pintan con pintura dorada y a continuación se pegan por el revés del calendario.

LOS REGALOS
DE PAPÁ NOEL

MATERIAL

Fieltro marrón de 65 × 51 centímetros, restos de fieltro en diferentes colores, piel sintética blanca, peluche blanco, un trozo de cadena, entretela adhesiva, 180 centímetros de cinta de plumón blanco o de cordón dorado, números adhesivos, un palo de 56 centímetros de largo, hilo de coser, papel vegetal, pegamento universal.

INSTRUCCIONES

Ribetear el fieltro con un dobladillo de 1 centímetro. Doblar 9 centímetros el borde superior y coserlo a pespunte. Para los bolsillos, cortar tiras de fieltro de diferentes colores de las siguientes medidas: dos veces 42 × 12 centímetros, una vez 41 × 17 centímetros, dos veces 12 × 12 centímetros y una vez 16 × 12 centímetros. Rematarlas con un pequeño dobladillo y colocarlas sobre el fieltro marrón como muestra la fotografía. En

Los bolsillos se ribetean con cinta de plumón.

cada tira hay espacio para siete bolsillos. Coserlas de forma que el borde superior cuelgue ligeramente hacia fuera. Los tres bolsillos grandes se cosen por separado.

Para el motivo de Papá Noel, aplicar entretela adhesiva con la plancha a los trozos de fieltro y de piel. Calcar las distintas piezas de la hoja patrón en papel vegetal, recortarlas y dibujarlas invertidas sobre la entretela. Despegar el papel protector y planchar los motivos. Pespuntear con hilo rojo las líneas interiores de la chaqueta de piel y bordar la boca y los ojos. Simular la barba y el pelo con peluche blanco. Fijar la cadena. Ribetear los bolsillos con la cinta de plumón. Por último, pegar los números y llenar los bolsillos con pequeños obsequios. Pasar el palo por el dobladillo superior y colgar el calendario de una cinta.

La confección de este calendario es algo laboriosa, pero, en cambio, puede utilizarse también en años sucesivos, cambiando, por supuesto, los regalos.

ÁRBOL DE NAVIDAD

U n tablero de virutas de 100 × 100 centímetros y 10 centímetros de grosor, papel de embalar, sierra de punta o de marquetería, 16 tacos de madera de 4 milímetros de diámetro, taladradora con broca de 4 milímetros, pintura verde en aerosol, cola para madera, adhesivo de contacto, cadena decorativa, cinta para lazos, alambre de floristería, papel para envolver regalos, papel carbón, números transferibles.

Con ayuda del papel carbón, trasladar el esquema del árbol de la hoja patrón al papel de embalar, recortar el motivo y dibujarlo sobre el tablero. Cortar dos veces el motivo con una sierra de marquetería o de punta. Hacer un taladro en los extremos de cada rama. Cortar longitudinalmente por la mitad uno de los abetos, aplicar cola a ambas mitades y pegarlas al otro abeto formando una cruz. Sujetar el árbol con unas abrazaderas y esperar a que se seque la cola. Aplicar una capa delgada de cola en el centro de cada taco e insertarlos en los taladros. Pintar el abeto de verde y ribetearlo con la cadena de perlas, que puede pegarse con adhesivo de contacto. Colocar un lazo grande en el extremo superior. Empaquetar los regalos, numerarlos con números transferibles y colgarlos de los tacos. Decorar el árbol con lazos y otros adornos navideños.

INSTRUCCIONES

Trasladar 2 veces el patrón del árbol al tablero de virutas y serrarlo.

Aplicar pegamento a los cantos y decorarlos con cadenetas de cuentas.

LA LUNA Y LAS ESTRELLAS

INGREDIENTES Y MATERIAL

Para la masa: 200 gramos de margarina, 500 gramos de miel, 250 gramos de azúcar, 1 paquete de especias para pastelería, 1 cucharada de cacao, 1 kilo de harina, 1/2 sobre de levadura, 1 pellizco de sal, 2 huevos. Para el baño de azúcar y los adornos: 2 claras de huevo, 400 gramos de azúcar en polvo, colorantes, gotitas de caramelo, pastillas de chocolate de colores. Para el calendario: cartulina gris, cinta adhesiva, cordón plateado, pegamento universal.

PREPARACIÓN Y ADORNO

Calentar en un cazo la margarina, la miel y el azúcar hasta que ésta se disuelva. Dejar enfriar. Remover bien la mezcla y añadir las especias. Incorporar los huevos, uno después de otro, y la sal. Mezclar la harina con la levadura y el cacao. Amasar todos los ingredientes hasta obtener una masa elástica y mantenerla varias horas en un lugar frío. Extenderla con un rodillo hasta obtener una plancha de 1 centímetro de grosor y rociarla con harina. Calcar el patrón de la luna, colocarlo sobre la masa y recortarlo. Engrasar una bandeja de horno y cocer la luna durante 10 minutos (horno eléctrico, 200° C; horno de gas, n.° 3). Mientras tanto, extender la masa aún más hasta que tenga un grosor aproximado de medio centímetro, colocar encima las plantillas del abeto, la estrella, la esfera, el corazón y la campana, recortar tantas formas como indique la hoja patrón y cocerlas también durante 10 minutos.

Montar las claras a punto de nieve y mezclarlas con el azúcar en polvo hasta obtener una masa aplicable con una manga pastelera. Dividir el baño de azúcar en varias porciones; si se desea, teñir alguna con colorantes y decorar las formas, añadiendo en último lugar las gotitas de caramelo y las pastillas de chocolate.

CONFECCIÓN DEL CALENDARIO

Hacer cuatro grupos de cinco galletas cada uno y atarlas a un cordón plateado de 1 metro de largo, procurando dejar las misma separación entre cada una de las figuras. Por cada figura, recortar un círculo de cartulina de 3 centímetros de diámetro y, con ayuda del baño de azúcar, pegarlo por el revés de las galletas, cogiendo el cordón entre medias. Para la luna se necesita una plantilla de cartón. Sujetar el cordón con cinta adhesiva. Pegar dos estrellas encima de la luna con el baño de azúcar y colgar otra de la punta superior.

CASITA DE ADVIENTO

MATERIAL

Cartulina blanca, roja y azul, números adhesivos, rotuladores, cuchilla cortapapel, papel de seda de colores, papel de color engomado, algodón, polvo de plata, estrellitas adhesivas, nieve en aerosol, pegamento transparente, lamparilla.

Trasladar dos veces a la cartulina el plano de la casa y recortar las distintas piezas. Con la cuchilla, practicar los cortes de las ventanas. Repasar los «goznes» con la parte roma de un cuchillo para que se abran con facilidad. Recortar 24 rectángulos en papel de seda de diferentes colores, dejando alrededor de todos ellos un borde de medio centímetro. Trasladar los motivos navideños de la hoja patrón a los papeles de colores y pegarlos en los rectángulos. Utilizar un motivo varias veces o recurrir a creaciones personales. Pegar los cuadros por detrás de las ventanas, manteniendo éstas cerradas. Pegar los números a las contraventanas y reservar el 24 para la puerta. Montar la casa; para ello, pasar la parte roma de un cuchillo por las líneas que marcan las dobleces y doblar. Decorar las paredes con trozos de cartulina o papel de colores y unirlas con pegamento. Colocar la casa sobre un pliego de cartulina en el que previamente se habrá practicado un orificio para la lamparilla. Confeccionar el tejado, sin olvidar el canalón, rociarlo con nieve en aerosol y esparcir por encima polvo plateado. Encajar el tejado sobre las paredes, doblando el canalón hacia abajo. Montar la chimenea y simular el humo con algodón. Por último, rociar toda la casa con polvo de plata.

INSTRUCCIONES

Adornar las paredes de la casa con figuras decorativas.

Colocar el tejado sobre las paredes.

LLUVIA DE ESTRELLAS

MATERIAL

Un trozo de fieltro azul de 83 × 68 centímetros, restos de fieltro blanco, amarillo, verde, beige y rosa, restos de tela y encaje, entretela adhesiva, hilo de coser, hilo de bordar dorado y negro, aguja de bordar, cordón plateado, 24 chocolatinas en forma de monedas, números transferibles, un palo de 70 centímetros de largo, cinta adhesiva, papel vegetal, lápiz.

INSTRUCCIONES

Hacer un dobladillo de 1 centímetro todo alrededor del fieltro. Doblar el borde superior 10 centímetros y pespuntear. Aplicar la entretela adhesiva por el revés de los trozos de fieltro y de tela. Trasladar al papel vegetal los motivos de la hoja patrón, recortarlos y dibujarlos invertidos sobre la entretela. Recortarlos sin dejar margen. Despegar el papel protector de la entretela y aplicar los motivos con la plancha sobre el mural de fieltro. Excepto las estrellas, ribetear todas las piezas restantes con puntadas en zigzag. Adornar las perneras del pantalón de la niña con encaje rizado y bordar los ojos con hilo negro. Adornar la superficie nevada con una línea bordada con hilo dorado a punto de tallo. Por último, numerar las chocolatinas. Pasar por cada estrella un trozo de cordón dorado de unos 20 centímetros de lago y colgar una chocolatina de cada extremo fijándolas con cintas adhesivas. Pasar el palo por el dobladillo superior y colgar el calendario.

Los números se transfieren a las chocolatinas frotándolos con un bolígrafo. Pasar un hilo dorado a través de cada estrella de forma que los dos extremos cuelguen por delante. Pegar una chocolatina en cada uno de los extremos del hilo con cinta adhesiva.

MUÑECO DE NIEVE

Para construir este muñeco de nieve se requiere algo de habilidad manual, pero el esfuerzo merece la pena.

MATERIAL

Un tablero de virutas de 50 × 100 centímetros de 10 milímetros de grosor, 4 tablas de madera contrachapada de 6 milímetros de grosor de las medidas siguientes: 2 de 4,5 × 41 centímetros (1 a + b), 1 de 4,5 × 9 centímetros (2) y 1 de 38 × 10 (3), sierra de marquetería o de punta, pintura blanca de fondo, esmalte blanco, pincel y disolvente para limpiar pinceles, papel de embalar, papel carbón, cola para madera, abrazaderas, restos de plástico autoadhesivo negro, rojo y naranja, cañas, 24 cajas de cerillas, papel para regalo.

Con ayuda del papel carbón, calcar el muñeco de nieve de la hoja patrón en papel de embalar, recortarlo y dibujarlo sobre el tablero de virutas. Recortarlo con una sierra de marquetería o de punta. Encolar las 4 tablas de madera que formen un cajón abierto por detrás y por arriba. 1 a+b representan los laterales y 2 el suelo. Encolar la tapa (3) sobre los laterales enrasada por arriba y dejando una pequeña abertura en la parte inferior (véase la ilustración). Dejar secar el cajón y, a continuación, pegarlo sobre el abdomen del muñeco, fijándolo con las abrazaderas. Aplicar una capa de fondo y, cuando la pintura esté seca, pintar el muñeco con esmalte blanco. Simular el sombrero, la escoba, los ojos y los botones con plástico autoadhesivo negro, la nariz con un resto naranja y la boca con otro rojo. Formar un haz con las cañas y terminar la escoba. Guardar 24 obsequios en las cajas de cerillas, envolverlas con papel de fantasía y echarlas en el cajón. Cada día se cogerá un regalo por la abertura inferior. Si lo prefiere, puede numerar también las cajas de cerillas.

INSTRUCCIONES

Izquierda: serrando con la sierra de punta; derecha: con las tablas de madera contrachapada se construye un cajón abierto por detrás y por arriba.

Una vez seca la capa de fondo, el muñeco se pinta con esmalte blanco. En la fotografía se aprecia muy bien la abertura para retirar los regalos.

CORONA DE ADVIENTO

MATERIAL

Una corona realizada con ramas de abeto, tuya o tejo, 24 cajitas en forma de corazón, pintura en aerosol dorada y plateada, números transferibles, cintas decorativas, bayas de acebo, hojas de adorno, cadenetas, alambre de floristería.

INSTRUCCIONES

Recubrir la corona con alambre de floristería y con lo que sobre formar por detrás un corchete estable. Pintar los corazones con la pintura dorada y plateada. Importante: cubrir bien la zona de trabajo para evitar accidentes desagradables. Dejar secar.

Numerar las cajas del 1 al 24, pasar una cinta estrecha por los ojetes de las cajas y atar los corazones a la corona dejando libre uno de los extremos de las cintas para rizarlo con unas tijeras. Adornar la corona y los corazones con bayas de acebo y hojitas decorativas. Hacer un lazo bonito y varias cadenetas de cuentas y adornar con ello la parte superior de la corona. Llenar los corazones con pequeños obsequios y colgar la corona de una puerta.

Pintar las cajitas en forma de corazón con pintura dorada y plateada y numerarlas con números transferibles. A continuación, colgarlas de la corona con cintas de los mismos colores.

PAPÁ NOEL

MATERIAL

Un tablero de virutas de 70 × 82 centímetros, un trozo de arpillera de 80 × 68 centímetros, restos de fieltro verde, rojo, blanco, beige y marrón, algodón, 24 anillas de metal, 2 botones negros semiesféricos, números transferibles, papel dorado, 24 cajas de cerillas, cordón dorado, máquina de coser, hilo de coser, papel vegetal, piel sintética blanca, pegamento en aerosol, pegamento universal, clavos pequeños, martillo.

INSTRUCCIONES

Hacer un pequeño dobladillo todo alrededor de la arpillera. Trasladar el muñeco, los abetos, la nieve y la nube de la hoja patrón al papel vegetal, recortar todas las piezas y dibujarlas sobre los restos de fieltro. Recortar los motivos sin margen de costura y disponerlos sobre la arpillera. Simular la barba con piel sintética blanca. Pegar todas las piezas y ribetearlas con puntadas en zigzag. Dejar sendas aberturas en la barba y en el abdomen de Papá Noel. Coser los ojos y las anillas. Cubrir la superficie nevada con copos de algodón. Rociar el tablero con pegamento en aerosol y forrarlo con papel dorado. Fijar el calendario con clavos pequeños. Preparar 24 paquetitos y colgarlos de las anillas.

Al coser la barba y el abdomen, dejar sendas aberturas para rellenar la figura de algodón. Una vez hecho esto, se cierran con unas puntadas.

SIMPLEMENTE
UN CALENDARIO

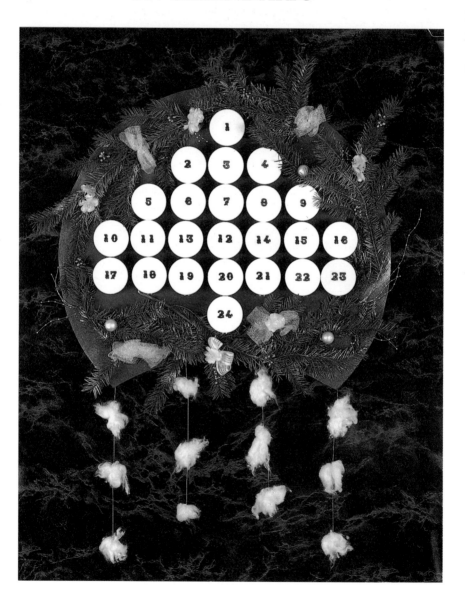

U n tablero de madera contrachapada de 100 × 100 cen- **MATERIAL**
tímetros, y 4 milímetros de grosor, una sierra de marquetería o punta, pintura azul en aerosol, pegamento
de contacto transparente, 24 cajas para empotrar con tapa de
7 centímetros de diámetro, números adhesivos, ramas de abeto, pintura plateada en aerosol, cinta para lazos, bayas de
acebo, bolas de algodón, flores de adorno, cordón plateado,
algodón, cinta adhesiva, chinchetas, colgador.

Clavar un clavo pequeño en el centro del tablero, atar a él un hilo **INSTRUCCIONES**
de 36 centímetros de largo y colgar un lápiz en el extremo. Trazar
un círculo de 72 centímetros de diámetro y marcar también la
entalladura (véase ilustración). Cortar la forma con una sierra de
marquetería o de punta. Pegar las 24 cajas (sin tapa) al tablero y
pintarlo todo de azul. Numerar las tapas y colocarlas en las cajas
cuando la pintura haya secado por completo. Pintar algunas
ramas con pintura plateada y sujetarlas al tablero con chinchetas.
Adornar las ramas con bayas de acebo, lazos y copos de algodón
plateados. Atar varios copos de algodón con el cordón plateado
y fijar éste con cinta adhesiva por el revés del tablero. Colocar el
colgador. Llenar las cajas con pequeños obsequios y colgar el
calendario.

**Disponga las 24
cajas sobre el
tablero simulando
un abeto y péguelas
con pegamento
transparente.**

SÓLO PAQUETES

MATERIAL

Plancha de porexpán de 60 × 40 centímetros y unos 10 milímetros de grosor, 6 a 8 trozos pequeños de cartón, pegamento universal, espumillón, papel de fantasía, cinta para lazos, cable con lucecitas, números adhesivos, alfileres.

INSTRUCCIONES

Este calendario es un anticipo de los regalos de Navidad. Cuando la bandeja quede vacía, habrá llegado ese día tan esperado por grandes y pequeños. Déjese llevar por su imaginación y decore el calendario a su gusto. Nuestras instrucciones tienen mero carácter orientativo.

Pagar los trozos de cartón a la base, procurando formar varios niveles. La parte más alta debe quedar detrás. Forrar el armazón con papel de regalo. Cortar una tira de cartón rígido de 2 centímetros de ancho y 80 centímetros de largo y forrarla con cinta de seda. Colocarla en forma de arco por detrás de la base, clavarla al tablero con alfileres y adornarla con espumillón. Envuelva 24 pequeños obsequios en papel de regalo y distribúyalos por el tablero. Las lucecitas ponen el toque final a este original calendario.

Prepare una estructura con varios niveles y fórrela con papel de regalo.

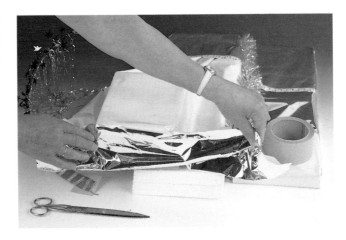

RELOJ DE ADVIENTO

MATERIAL Un dibujo navideño, cartulina, papel de regalo, pegamento en aerosol, compás, regla, cuchilla cortapapel, rotulador, números transferibles, estrellas autoadhesivas, cordón plateado, pegamento universal, una pinza para cerrar sobres de muestras, colgador.

Buscar un dibujo navideño de 20 × 20 centímetros (mayor también sirve, más pequeño, no) y pegarlo en el centro de la mitad inferior de una cartulina de 30 × 43 centímetros. Cortar un pliego de papel de regalo a estas mismas medidas y recortar un círculo de 19 centímetros de diámetro en la zona correspondiente al dibujo. Pegar el papel a la cartulina con pegamento en aerosol de forma que el dibujo se vea a través del círculo. Determinar el centro exacto de éste con el compás y cortar una línea recta vertical (utilizar la regla y la cuchilla), sobrepasando en 3 centímetros el borde del dibujo.

Para la esfera del reloj, recortar en la cartulina un círculo de 22 centímetros de diámetro y forrarlo con papel de regalo. Realizar también aquí un corte vertical hasta el borde. A partir de este corte, dividir el círculo en 24 casillas iguales, marcarlas con rotulador y numerarlas del 1 al 24 en sentido contrario a las agujas del reloj. Colocar el reloj sobre el dibujo, introducir una pinza para sobres a través de los puntos que marcan el centro de ambos para que no se desplacen. Introducir la esfera del reloj a través del corte del dibujo de forma que gire con facilidad y vaya descubriendo el dibujo a medida que pasen los días.

Trasladar la estrella de la hoja patrón a papel de regalo, recortarla, rociarla con pegamento en aerosol y pegarla. Distribuir las estrellitas autoadhesivas por todo el cuadro y enmarcarlo con un cordón plateado. Por último, colocar el colgador y colgar el calendario.

Con la cuchilla cortapapel realice un corte recto desde el centro hasta el borde de la esfera del reloj. Repetir esta operación en el dibujo navideño sobrepasando el borde 3 centímetros.

Traducción autorizada de la obra:
ADVENTSKALENDER

Editado en lengua alemana por
Falken-Verlag

© 1989 by Falken-Verlag
ISBN: 3-8068-5178-6

© EDICIONES CEAC, S.A. 1990
Perú, 164 - 08020 Barcelona (España)

1ª Edición: Setiembre 1990
ISBN: 84-329-8127-3
Depósito legal: B-34.821-1990

Impreso por GAYBAN GRAFIC, S.A.
Almirante Oquendo, 1 - 08020 Barcelona

Impreso en España
Printed in Spain